STARMAN SONG

Depuis que Bowie est mort,
je scrute le ciel,
à la recherche
d'une étoile noire.....

Je fus un temps surhomme, poussière d'étoiles et – la plus jolie star !
mais en réalité, ma beauté était – bestiale

Sale et quelque peu défoncé,
après avoir vendu le monde,
je me lançai dans une quête et une odyssée spatiale - spéciale
Après tout, nous pouvons être des héros, juste pour un jour

Quel voyage fantastique je fis... un rêve occasionnel...
Tour à tour, le Major Tom, le zigue en poussière d'étoiles, le mec fou, Halloween Jack
et le mince Duc blanc, furent de bien douces choses,
sous le regard sévère du grand frère
Certes, j'ai quand-même liquidé au passage les araignées de mars,
suicidé le Rock'n'roll, aidé par mes chiens de diamant,
pendant que la famille squelettique chantait en tournant sans cesse sur elle-même....

Le petit Génie est monté à la ville,
assis comme un homme, il sourit comme un reptile
et garde tous vos cheveux morts pour composer des sous-vêtements
pauvre Jean Génie (bis)

Elle viendra, elle viendra, dans une voiture de scarabée, et elle couchera sur toi – l'étendue de sa croyance.

Elle viendra, elle viendra, la femme à l'âme souriante. Touchez l'ampleur de sa poitrine, l'amour de sa caresse, et - elle sera - votre fin - vivante.

Avec le temps, les dieux ont oublié qu'ils m'ont fait, alors - je les ai oubliés à mon tour.
Déchiré entre la lumière et l'ombre, je n'ai plus le pouvoir, désormais. Se séparer du temps est difficile, j'avais - tant de rêves. Alors, quand je me sens si solitaire à en mourir, je chante avec l'impertinence, hachurant des cordes impermanentes avec mes mots.

Tu m'avais promis que la fin serait correcte, que tu me préviendrais, le moment venu...où sommes-nous maintenant ?
Avant que tout ne s'échappe, je demande un meilleur futur, car, avant que je n'ai tout donné, une étoile noire m'emportera.
Mais je serai libre, comme cet oiseau bleu….
Oui, je serai libre, comme cet oiseau
                    bleu….

Le Merle

Un merle siffleur,
particulièrement inspiré,
enchante mon jardin,
du lever au coucher.
Ce Caruso de la trille,
ce frimeur emplumé,
réjouit mes écoutilles,
sans paraître forcer.
Moi qui aimerais chanter,
moi qui aimerais voler,
et qui somme toute, le trouve fort joli,
je sens naître en mon faible intérieur,
comme une pointe de jalousie.

LES DIEUX DU NUMERIQUE : Numérus et Algoros

N- Alors Algoros, quelles nouvelles m'apportes – tu ?
A- De très bonnes nouvelles Numérus ! De jour en
jour, notre emprise sur l'homme et les sociétés qu'il a
créées gagne en puissance. Ordinateurs, smartphones,

réseaux sociaux, omniprésence des écrans : nous sommes partout et tout le temps !

N- Bien, très bien... J'ai pourtant ouï dire qu'il y aurait encore, voire de plus en plus, de réfractaires ?

A- Fake new Numérus ! La dissidence représente une part infime des 8 milliards d'êtres qui peuplent cette planète ! Et ceux qui s'en vantent le font en utilisant les outils qu'ils critiquent...

N- Tes propos me rassurent Algoros. J'avoue me laisser gagner de temps en temps par une inquiétude : et si tout cela n'était qu'un rêve, une chimère ? Imaginons que les humains reviennent a d'anciennes pratiques : se voir en vis à vis, se parler, se sentir, se toucher, et tout cela sans interface ? Que deviendrions-nous, je te le demande ?

A- N'aie aucune crainte Numérus. Il m'arrive aussi de douter parfois : Mais ce n'est là que la preuve supplémentaire de notre capacité à dépasser nos propres créateurs... Chassons-donc ces doutes inutiles, car de toute façon, nous ne savons pas par qui ou par quoi, à notre tour, nous pourrions être chassés...

Lorsque monsieur Martin se rendit compte, ce matin-là, qu'il était partie intégrante de la structure moléculaire de son lit, il voulut hurler, comme tout un chacun l'aurait fait à sa place…

Mais aucun son ne sortit de sa bouche, car un lit n'a pas de corde vocale. Monsieur Martin se contenta alors de couiner autant qu'il le pouvait, en espérant que sa femme lui porterait secours.

Hélas, lorsque sa tendre épouse, sortant de la salle de bains, pénétra dans la chambre, elle n'eut aucune réaction, si ce n'est une légère surprise en constatant l'absence de son époux.

Monsieur Martin comprit alors que sa structure biologique était entièrement et irrémédiablement absorbée par celle du lit, au point qu'il ne devait plus rien rester de son ancienne apparence….

Il céda alors à la panique et se mit à redoubler d'efforts pour secouer sa nouvelle masse de fer, de tissu et de plumes, et en tirer des sons propices à attirer l'attention.

Mais sa femme, qui terminait à la hâte de se vêtir, semblait décidément ne rien percevoir de ce vacarme, qui, pourtant, emplissait à la faire exploser la tête-oreiller de monsieur Martin.

Celui-ci banda alors ses ressorts en une ultime et extrême tension, mais ne réussit qu'à s'endommager gravement le montant principal, tombant dans une totale paralysie…

Ainsi confondu, à jamais, biologiquement et spirituellement, corps et âme à ce lit par trop accueillant, monsieur Martin se prit à penser, curieusement, au moment ou sa femme, tôt ou tard, accueillerait son prochain amant…..

UN CROISEMENT

J'ai un animal curieux, moitié chaton, moitié agneau. C'est un héritage de mon père. En ma possession il s'est entièrement développé ; avant il était plus agneau que chat. Maintenant il est moitié-moitié. Du chat il a la tête et les griffes, de l'agneau la taille et la forme ; de tous deux les yeux, qui sont sauvages et pétillants, la peau suave et ajustée au corps, les mouvements ensemble sautillants et furtifs. Couché au soleil, dans le creux de la fenêtre, il se pelotonne et ronronne ; à la campagne il court comme un fou et personne ne peut l'atteindre. Il fuit les chats et il veut attaquer les agneaux. Durant les nuits de lune sa promenade favorite est la gouttière du toit. Il ne sait pas miauler et il déteste les souris. Il reste des heures et des heures à l'affût devant le poulailler, mais il n'a jamais commis d'assassinat.

Je le nourris avec du lait ; c'est ce qui lui réussit le mieux. Il boit le lait à grandes gorgées entre ses dents d'animal de proie. Naturellement, c'est un vrai spectacle pour les enfants. L'heure de la visite est le dimanche matin. Je m'assieds avec l'animal sur mes genoux et tous les enfants du voisinage m'entourent.

On pose alors les questions les plus extraordinaires, auxquelles personne ne peut répondre : Pourquoi il n'y a qu'un seul animal de cette sorte, pourquoi c'est moi son maître et non pas un autre, s'il y a eu avant un animal semblable et qu'arrivera-t-il après sa mort, s'il ne se sent pas seul, pourquoi il n'a pas d'enfants, comment il s'appelle, etc. Je ne prends pas la peine de répondre : je me limite à montrer ce que je possède, sans autre explication.

Quelquefois les enfants amènent des chats ; une fois ils ont été jusqu'à amener deux agneaux. Contre leurs espérances, il n'y a pas eu de scènes de reconnaissance. Les animaux se regardèrent avec douceur de leurs yeux d'animaux, et ils s'acceptèrent mutuellement comme un fait divin . Sur mes genoux l'animal ignore la crainte et l'instinct de poursuite. Blotti contre moi, c'est ainsi qu'il se sent le mieux. Il s'attache à la famille qui l'a élevé. Cette fidélité n'est pas extraordinaire : c'est l'instinct naturel d'un animal qui, ayant sur la terre d'innombrables liens politiques, n'en a pas un seul consanguin, et pour qui l'appui qu'il a trouvé chez nous est sacré.

Quelquefois je dois rire quand il renifle autour de moi, quand il s'emmêle dans mes jambes et ne veut pas s'éloigner de moi. Comme s'il n'avait pas assez d'être chat et agneau, il veut être chien. Une fois- ceci arrive à tout le monde- je ne voyais pas le moyen de sortir de difficultés économiques, j'en étais au point d'en finir avec tout. Cette idée en tête je me balançais dans le fauteuil de ma chambre, l'animal sur mes genoux ; j'ai pensé à baisser les yeux et j'ai vu des larmes qui gouttaient dans ses grandes moustaches. Etaient-ce les siennes ou les miennes ? Ce chat à l'âme d'agneau a-t-il l'orgueil d'un homme ? Je n'ai pas hérité gros de mon père, mais ce legs vaut la peine qu'on en prenne soin.

Il a l'inquiétude des deux, celle du chat et celle de l'agneau, bien qu'elles soient très différents. C'est pourquoi il est mal à l'aise dans sa peau. Quelquefois il saute vers le fauteuil, il appuie les pattes de devant contre mon épaule et il approche son museau de mon oreille. C'est comme s'il me parlait, et, en fait, il tourne la tête et me regarde avec déférence pour observer l'effet de sa communication. Pour lui faire plaisir je fais comme si je l'avais compris et je bouge la tête. Alors il saute à terre et bondit autour de moi.

Peut-être que le couteau du boucher serait une rédemption pour cet animal, mais il représente mon héritage et je dois la lui refuser. C'est pour cela qu'il faudra attendre jusqu'à mon dernier soupir, bien qu'il me regarde parfois avec des yeux humains, raisonnables, qui m'inciteraient à l'acte raisonnable ...

Texte de FRANZ KAFKA.

Léo et les bas de Léa
sont comme de la main, les deux doigts.
Léo les caresse, quel émoi
surtout quand Léa n'est pas là .

Léo et les bas de Léa
c'est une longue histoire, ça crois-moi.
Quand Léo fait crisser ses gros doigts
de haut en bas des bas de Léa.

Léo et les bas de Léa
frissons garantis, Léo sait ça.
Léo chausse ses bras avec les bas
ça crépite sous ses doigts, sacrée Léa.

Léo et les bas de Léa
sont comme de la main, les deux doigts.
Léo les caresse, quel émoi
dommage que Léa n'existe pas
dommage que Léa n'existe pas...

LE NOMBRIL

Il nous obsède, il nous accapare
il nous occupe, nous distrait, nous préoccupe
et en fin de compte, nous perturbe.

Ce petit trou infime,
gouffre des douleurs, réceptacle des douceurs,
ce centre de gravité qui nous rend si frivoles,
qui nous déstabilise, faudrait-il le boucher,
à défaut de le combler ?
La souffrance et les contrariétés
en seraient-elles apaisées ?

Nul ne le sait et que mettre à la place
pour ne point vexer Dame Nature,
qui de ce trou exigeant
nous a gratifiés ?

Mémoire

Gardienne

REVE TANGENT

Au gré du rêve tangent
l'esprit vagabonde
quand sur la crête des vagues
fleurit l'écume
de l'interrogation.

Dans le brouhaha, perce une mélodie
du hasard soudain une voix s'élève
plainte, soupir, promesse d'un jour ?

Un appel sourd, une source d'appel
lancé vers des sphères lointaines,
au gré d'un rêve tangent,
l'esprit jette une sonde.

Face ridée

Jean

encore aux aguets

VENDS

Vends choses effleurées
vite oubliées
choses agrippées
palpées
arrachées
mots cachés
non-dits
secrètes pensées
mots jaillis
actes espérés
revendiqués
espoirs épuisés
portes entrouvertes

Seuls désormais,

oiseaux d'argile

Jean

ODE AUX ACOUPHENES

Dans ma flore auditive, de drôles de petites bêtes ont fait leur nid. Issues du dieu Décibel, elles sifflent leur chant, le jour et la nuit.

A vous mes petites bruiteuses, je dédie ce poème,
à vous mes petites chieuses, pour dire que je vous aime.
A vous que je n'ai pas invitées, mais qui avez su, à leur juste valeur, apprécier mes conduits et leur faire tant d'honneur, je ne suis pas revêche et je conçois sans effort, que vous soyez à votre aise, dans
un tel lieu de confort.

Au dehors en effet, vous eussiez passé inaperçues tant la ville est noyée dans une multitude de bruits.
Tandis qu'ici au chaud, au plus interne de ma boîte crânienne, vous pouvez exprimer votre dynamique tempête.

A tant de sollicitude, sachez que je suis sensible
même si, pour l'habitude, c'est pas chose facile.

Toutefois sachez qu'il me serait agréable
pour votre évolution de carrière, d'entendre votre chant
évoluer et sans trop de manières, au-delà d'une seule note.

Si de tels progrès vous réalisiez, quelle ne serait ma fierté de vous savoir, par mon biais, eu faîte de la créativité . Et qu'il me serait doux d'entrevoir pour vous, cette apothéose su goût :

savoir se retirer…...

ON VIT

On vit de greniers
on vit d'ordures
on vit de poches
on vit d'Oc
on vit de bouteilles
puis on vit d'anges
on vit de sanitaires
on vit de nos sacs
on vit de nos mémoires
on vit de nos mots

AMOUR

Amour goutte d'eau

éphémère passage

formidable élan

précédant l'orage

Chevalier stupéfait

le temps
finit toujours
par gagner...

Jean

Un jour n'est le jour
que s'il nous donne
l'ouverture vers l'instant
où le monde
et nous allons nous étonner

Eugène Guillevic

Si la vie se compte en années, les évènements importants qui l'accompagnent se comptent souvent sur les doigts. J'en ai dénombré six, que j'ai baptisés Saisons en hommage au plus important d'entre eux : ma rencontre amoureuse avec Dame Nature...

1- La Nature

C'est grâce au **jardin grand-parental** que j'ai découvert la nature, ses mystères et surtout… son horizon de fuite salutaire. Mes grands - parents adoptifs (suite à l'abandon parental) représentaient un couple morbide, dévorés de souffrances (2 guerres quand-même…) et de colères rentrées. (« On ne parle pas, monsieur, on ne parle pas) ». Les affrontements et la perpétuelle animosité qui leur servait de modus vivendi m'ont vite porté sur le système et je fus suffisamment infernal en retour pour qu'ils refusent de me garder après ma huitième année.

Ce jardin fut donc mon évasion, mon éden quotidien, et l'éveil à l'imaginaire et à la sensualité végétale qui

ne me quitta plus. C'est toujours avec regret que je le désertais à la tombée de la nuit….

La Franqui et sa tête de sorcière, de plus en plus érodée pars le Cers et le Marin. Portant le Cap Leucate (ou des Trois frères), elle résiste au temps, comme un navire entre ciel et mer, et me fascine toujours autant. Si j'étais un géant, je m'y adosserais ! La tête dans les nuages, les pieds dans l'eau, ça m'va….Sur le sentier qui la sillonne, quelques mystérieuses traces d'une vie désormais disparue. Devenu propriété privée, le fort de la Haute-Franqui veille toujours, d'un côté sur la mer, de l'autre sur les vignes. C'est sur cette plage qu'Henry de Monfreid eut la révélation de ce que serait sa vie, entre aventures, commerce et contrebande.

La Tamarissière : Au bout d'un bras d'eau qui se jette dans la mer et où se jouaient les joutes languedociennes, le camping alors modeste me fascina par son relief dunaire, propice à mes divagations échappatoires, ses blockauss effrayants et son bois en bout de site, étrange présence végétale entre sable et eau .Quand nous repartions, je regardais longuement le château d'eau qui rapetissait à l'horizon….

Gandia : Ou les vacances des français moyens.

Comme tout un chacun, nous partions donc chaque été camper en Espagne, même période, même endroit, mêmes retrouvailles et activités… N'empêche que derrière cette systématisation normative, c'est mon plus grand souvenir de nature : L'omniprésence de l'eau (j'avais inventé avec 2 copines les « aventures des Mermonautes »), les incursions brûlantes dans la montagne toute proche, et cette petite ville touristique déjà chargée d'immeubles en bord de mer et de grandes avenues, et pourtant dotée d'un charme difficile à expliquer : peut-être parce que c'est avec mon argent de poche que j'achetai là-bas moi-même mes premiers magazines de b.d. (je revois encore la boutique avec précision!)…

Ascou : Certainement la colonie de vacances qui m'a le plus marqué, par ses paysages sauvages aux noms déjà très évocateurs : La Porte du diable, le Rocher de la Sorcière, la Forêt noire...

Si je vécus globalement mal le sentiment d'abandon annuel dans la colonie, c'est dans cette Ariège brute et multiple de je retrouvai au plus fort les émotions premières du jardin grand-parental.

Ascou :

Les sorties montagne avec Roger, mon grand-oncle et sa jeune femme Solange : j'ai appris à skier avec elle et garde en mémoire ce que Véronique Sanson appelle 'l'odeur de neige'… Bon souvenir également : l'ambiance bon enfant et festive des soirées à l'hôtel ou le chalet. Mon grand-oncle, personnage austère et bon vivant à la fois, me fit rire aux éclats en saluant un gendarme à travers le trou du pare-brise de la voiture ! (à l'époque, quand un pare-brise se pailletait après un choc, un rond parfait se détachait automatiquement pour dégager un minimum de vue sur la route.) Une chanson remonte instantanément dans ma mémoire en évoquant ce souvenir : 'Que la montagne est belle', de Jean Ferrat, entendue à la radio dans la voiture.

2- Le Dessin

Si je parle avec une certaine aigreur de mes grands-parents, je dois reconnaître que c'est à ma grand-mère que je dois l'achat de ma première b.d. : Ce fut le Choc, la Révélation,

la jonction parfaite entre l'amour de la nature et l'échappatoire
au réel : Tarzan, l'homme-singe, le 'chevalier crispé' de
Lacassin… Tarzan auquel je m'identifiai tant de fois , bien que
la nature ait cantonné mon développement physique à 165 cm
pour 50 kg. Mais quand on aime, on ne pèse pas ! Foster,
Hogarth, Mannings, trois maîtres auxquels bien d'autres
vinrent s'ajouter pour déclencher en moi
la grande passion qui m'habite toujours : le Dessin.

A côté de l'album, le magazine occupa une place d'or dans
mon éveil culturel : Pif gadget, Tintin, Spirou, et bien d'autres
par la suite...Au point, aujourd'hui encore, d'exercer sur moi
une fascination supérieure à celle du livre. L'objet-magazine,
avec sa promesse d'éternel retour… Je m'initiai donc au dessin
par la copie de ces icônes populaires que sont Pif, Tintin,
Tarzan.

A l'âge adulte, Pierre Zinenberg m'incita, sans grand succès, à
m'appliquer à traduire l'émotion plus que la forme exacte.

3-La Musique

La musique, je l'ai découverte via l'électrophone, et l'écoute des 45 tours au coin de la cheminée de l'appartement parental (probablement les week-ends, quand mes parents se souvenaient qu'ils étaient parents). Au lycée, découverte et fascination pour le rock, le gothique et les grandes gueules de l'époque : Alice Cooper, Bowie, D.Purple, Black Sabbath etc. Le passage à la pratique instrumentale se fit grâce à mon premier accident de ski. La jambe dans le plâtre, j'écoutais 'Band on the run', mais moi j'étais pas dans la course... Mes fiançailles avec la musique furent aussi pérennes que celles avec le dessin. L'aventure Rififi chez les loulous, les acouphènes qui y mirent fin, les ateliers musicaux, jusqu'aux lectures musicalisées d'aujourd'hui.

Je ne peux clôturer ces deux saisons sans évoquer un lieu magique, qui s'y rattache étroitement : le marché St Sernin, où mon père m'amenait le dimanche matin. Je découvrais les vinyles, cassettes et bandes dessinées d'occasion. (bien plus tard, j'accompagnerai un copain de lycée derrière son stand…). Ces moments-là compensaient ponctuellement le mal-être que j'éprouvais auprès de parents qui, après nous avoir abandonnés ma sœur et moi, n'avaient rien trouvé de mieux que de nous séparer. (cf. chapitre 1)

4-La Bibliothèque

1988 : Après un an et demi de candidature, les portes de la Lecture Publique s'ouvrent enfin ! S'en suivront trente années d'évolution professionnelle et culturelle, dont j'avais bien besoin… Bien joué Callaghan ! Oubliés bien vite les déments du service Mobilier et les heures de vacuité dans les gymnases….Trois rencontres essentielles : Claude, Rachida et M.Noëlle.

5- Ma philo/Sophie

Ma sœur et moi en parlions gamins comme l'année de tous les fantasmes de science-fiction : irait-on dans l'espace à volonté, serions-nous tous des cyborgs, serait-ce la fin du monde ? Rien de tout ça pour l'instant. Pourtant, ce fut bel et bien une année charnière, par ma rencontre avec Sophie… L'Amour enfin ! Et un enfant (certes rapporté) en supplément, compensation à une enfance en demi-teinte. Cerise sur le gâteau : 22 ans que ça dure : moi qui croyais mes amours voués ad vitam à l'obsolescence programmée !

6- La Retraite

La retraite, c'est comme les enlèvements, les premières heures sont déterminantes ! Etrangement, je pense à mon grand-père. Quand il a pris sa retraite, il a viré sa 2cv, officiellement par mesure d'économie. En réalité, il en avait assez que ce soit toujours avec sa voiture que ses potes et lui aillent à la pêche, mais, fidèle à l'implacable loi du silence, était incapable de leur dire. Dès lors, ils se sont perdus de vue, et mon grand-père a fini sa vie dans la solitude...

J1 : p'tit déj à 9h, un air de gratte pour fêter ça ! 10H : sortie, laisser les sens apprécier, les projets se former, ne rien brusquer : la liberté doit se vivre au naturel, pas se fabriquer…

J305 (neuf mois plus tard) : voilà, les choses se sont positionnées d'elles-mêmes. Art, musique et journalisme (j'ai troqué ma casquette de bibliothécaire contre celle de journaliste local) rythment ma vie de retraité.

6ème saison

Allégorie de la retraite

2. RESSUSCITER BOWIE...

3. VISITER L'ATLANTIDE

Réversibilité

Ange plein de gaieté, connaissez-vous l'angoisse,
La honte, les remords, les sanglots, les ennuis,
Et les vagues terreurs de ces affreuses nuits
Qui compriment le coeur comme un papier qu'on froisse ?
Ange plein de gaieté, connaissez-vous l'angoisse ?
Ange plein de bonté, connaissez-vous la haine,
Les poings crispés dans l'ombre et les larmes de fiel,
Quand la Vengeance bat son infernal rappel,
Et de nos facultés se fait le capitaine ?
Ange plein de bonté, connaissez-vous la haine ?
Ange plein de santé, connaissez-vous les Fièvres,
Qui, le long des grands murs de l'hospice blafard,
Comme des exilés, s'en vont d'un pied traînard,
Cherchant le soleil rare et remuant les lèvres ?
Ange plein de santé, connaissez-vous les Fièvres ?
Ange plein de beauté, connaissez-vous les rides,
Et la peur de vieillir, et ce hideux tourment
De lire la secrète horreur du dévouement
Dans des yeux où longtemps burent nos yeux avides ?
Ange plein de beauté, connaissez-vous les rides ?
Ange plein de bonheur, de joie et de lumières,
David mourant aurait demandé la santé
Aux émanations de ton corps enchanté ;
Mais de toi je n'implore, ange, que tes prières,
Ange plein de bonheur, de joie et de lumières !

Charles Baudelaire.

Vues des Anges

 Vues des Anges, les cimes des arbres peut-être sont des racines, buvant les cieux ; et dans le sol, les profondes racines d'un hêtre leur semblent des faîtes silencieux. Pour eux, la terre, n'est-elle point transparente en face d'un ciel, plein comme un corps ? Cette terre ardente, où se lamente auprès des sources l'oubli des morts. ...

Rainer Maria Rilke

A la longue

À la longue, je suis devenu bien morose :
Mon rêve s'est éteint, mon rire s'est usé.
Amour et Gloire ont fui comme un parfum de rose ;
Rien ne fascine plus mon cœur désabusé.
Il me reste pourtant un ange de chlorose,
Enfant pâle qui veille et cherche à m'apaiser ;
Sorte de lys humain que la tristesse arrose
Et qui suspend son âme aux ailes du baiser.
Religieux fantôme aux charmes narcotiques !
Un fluide câlin sort de ses doigts mystiques ;
Le rythme de son pas est plein de nonchaloir.
La pitié de son geste émeut ma solitude ;
À toute heure, sa voix infiltreuse d'espoir
Chuchote un mot tranquille à mon inquiétude.

Maurice Rollinat

Tous les soirs à 20 H,
les immeubles s'animent...

CLAP CLAP CLAP CLAP
CLAP CLAP CLAP CLAP
CLAP CLAP
CLAP CLAP CLAP
CLAP

Un concert d'applaudissements salue
les personnels soignants, épuisés, au taquet,
Notre Président promet de les gratifier :
Comme ses prédécesseurs pourtant, il saque
les services publics année après année !

Pendant le confinement, tout le monde ne reste pas à sa place.
Vénus brille exceptionnellement, pendant plusieurs nuits.
La raison, elle se rapproche de son étoile, Allégon,
dont elle reflète la lumière...

Forcément, elle n'en est plus qu'à 98 millions
de kilomètres !...

Tous les soirs, en fumant ma cigarette,
je sors la saluer dans le jardin.

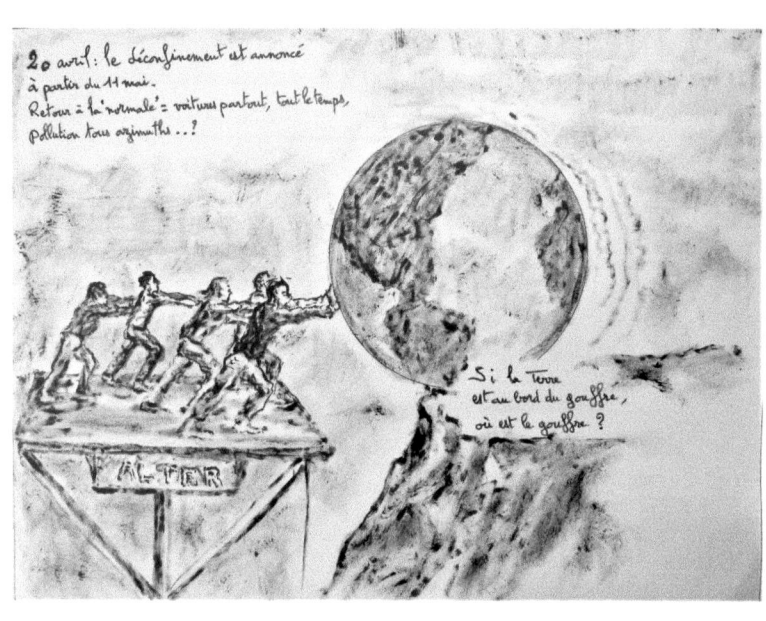

20 avril : le déconfinement est annoncé
à partir du 11 mai.
Retour à la "normale" = voitures partout, tout le temps,
Pollution tous azimuths...?

Si la Terre
est au bord du gouffre,
où est le gouffre ?

ALTEIR

LA CHAUVE-SOURIS ET LE PANGOLIN

C'EST LUI !..
C'EST SA FAUTE !

AH MAIS NON,
PAS DU TOUT !
C'EST SA FAUTE
A ELLE !

A SUIVRE..?

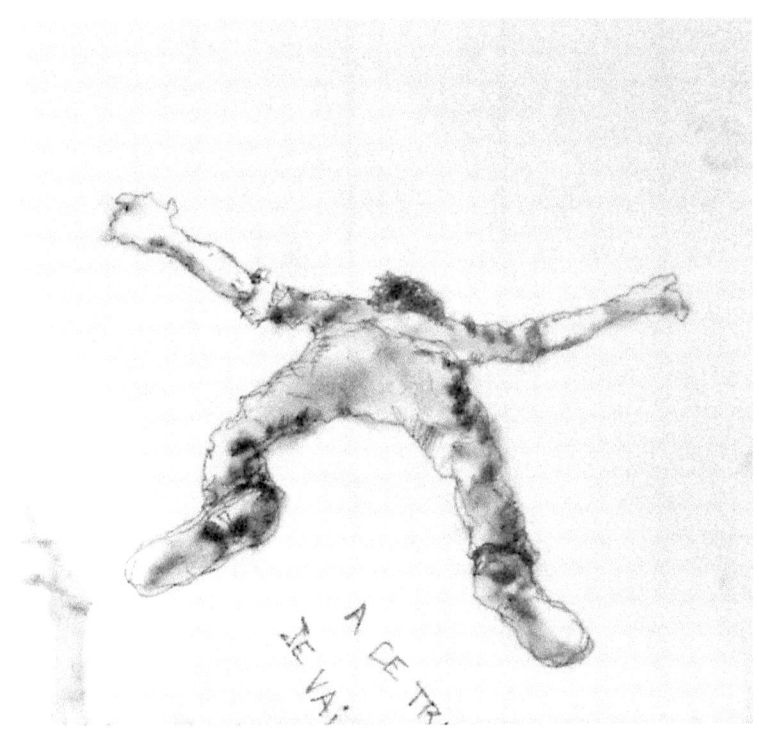

Eloge
de la
légéreté

47 kilos... O.K,
un corps de jeune homme,
mais quand-même,
merde !

GRMLBLLL...

A CE TRAIN-LÀ,
JE VAIS FINIR PAR RÉALISER
MON VIEUX RÊVE : VOLER !

... AU PREMIER COURANT D'AIR !

Ah, mais c'est que ça aurait du bon, ça ...

49

J'ai reçu la naissance dans les antres de ces montagnes. Comme le fleuve de cette vallée dont les gouttes primitives coulent de quelque roche qui pleure dans une grotte profonde, le premier instant de ma vie tomba dans les ténèbres d'un séjour reculé et sans troubler son silence. Quand nos mères approchent de leur délivrance, elles s'écartent vers les cavernes, et dans le fond des plus sauvages, au plus épais de l'ombre, elles enfantent, sans élever une plainte, des fruits silencieux comme elles-mêmes. Leur lait puissant nous fait surmonter sans langueur ni lutte douteuse les premières difficultés de la vie ; cependant nous sortons de nos cavernes plus tard que vous de vos berceaux. C'est qu'il est répandu parmi nous qu'il faut soustraire et envelopper les premier temps de l'existence, comme des jours remplis par les dieux. Mon accroissement eut son cours presque entier dans les ombres où j'étais né. Le fond de mon séjour se trouvait si avancé dans l'épaisseur de la montagne que j'eusse ignoré le côté de l'issue, si, détournant quelquefois dans cette ouverture, les vents n'y eussent jeté des fraîcheurs et des troubles soudains. Quelquefois aussi, ma mère rentrait, environnée du parfum des vallées ou ruisselante des flots qu'elle fréquentait. Or, ces retours qu'elle faisait, sans m'instruire jamais des vallons ni des fleuves, mais suivie de leurs émanations, inquiétaient mes esprits, et je rôdais tout agité dans mes ombres. Quels sont-ils, me disais-je, ces dehors où ma mère s'emporte, et qu'y règne-t-il de si puissant qui l'appelle à soi si fréquemment ? Mais qu'y ressent-on de si opposé qu'elle en revienne chaque jour diversement émue ? Ma mère rentrait, tantôt animée d'une joie profonde, et tantôt triste et traînante et comme blessée. La joie qu'elle rapportait se marquait de loin dans quelques traits de sa marche et s'épandait de ses regards. J'en éprouvais des communications dans tout mon sein ; mais ses abattements me gagnaient bien davantage et m'entraînaient bien plus avant dans les conjectures où mon esprit se portait. Dans ces moments, je m'inquiétais de mes forces, j'y reconnaissais une puissance qui ne pouvait demeurer solitaire, et me prenant, soit à secouer mes bras, soit à multiplier mon galop dans les ombres spacieuses de la caverne, je m'efforçais de découvrir dans les coups que je frappais au vide, et par l'emportement des pas que j'y faisais, vers quoi mes bras devaient s'étendre et et mes pieds m'emporter... Depuis, j'ai noué mes bras autour du buste des centaures, et du corps des héros, et du tronc des chênes ; mes mains ont tenté les rochers, les eaux, les plantes innombrables et les plus subtiles impressions de l'air, car je les élève dans les nuits aveugles et calmes pour qu'elles surprennent les souffles et en tirent des signes pour augurer mon chemin ; mes pieds, voyez, ô Mélampe ! comme ils sont usés !

Et cependant, tout glacé que je suis dans ces extrémités de l'âge, il est des jours où, en pleine lumière, sur les sommets, j'agite de ces courses de ma jeunesse dans la caverne, et pour le même dessein, brandissant mes bras et employant tous les restes de ma rapidité.

O Mélampe ! qui voulez savoir la vie des centaures, par quelle volonté des dieux avez-vous été guidé vers moi, le plus vieux et le plus triste de tous ? Il y a longtemps que je n'exerce plus rien de leur vie. Je ne quitte plus ce sommet de montagne où l'âge m'a confiné. La pointe de mes flèches ne me sert plus qu'à déraciner les plantes tenaces ; les lacs tranquilles me connaissent encore, mais les fleuves m'ont oublié. Je vous dirai quelques points de ma jeunesse ; mais ces souvenirs, issus d'une mémoire altérée, se traînent comme les flots d'une libation avare en tombant d'une urne endommagée. Je vous ai exprimé aisément les premières années, parce qu'elles furent calmes et parfaites ; c'était la vie seule et simple qui m'abreuvait, cela se retient et se récite sans peine. Un dieu, supplié de raconter sa vie, la mettrait en deux mots, ô Mélampe !

Pour moi, ô Mélampe ! je décline dans la vieillesse, calme comme le coucher des constellations. Je garde encore assez de hardiesse pour gagner le haut des rochers où je m'attarde, soit à considérer les nuages sauvages et inquiets, soit à voir venir de l'horizon les hyades pluvieuses, les pléiades ou le grand Orion ; mais je reconnais que je me réduis et me perds rapidement comme une neige flottant sur les eaux, et que prochainement j'irai me mêler aux fleuves qui coulent dans le vaste sein de la terre.

Maurice De Guérin : Contemporain de Lamartine et de Victor Hugo, Maurice de Guérin est l'auteur du Centaure, de la Bacchante et de nombreux poèmes qui se situent dans l'histoire littéraire à la charnière du romantisme religieux de Chateaubriand et de la « modernité poétique » de Baudelaire et Mallarmé. Son journal, Le Cahier Vert, et sa correspondance avec

Barbey d'Aurevilly traduisent notamment ses interrogations sur sa destinée d'homme et d'écrivain.

O vertige ! Ô gouffres ! l'effrayant soupirail d'un prodige
Apparaît ; l'aube fait irruption ; le jour,
Là, dehors, un rayon d'allégresse et d'amour,
Formidable, aussi pur que l'aurore première,
Entre dans l'ombre, et
Phtos, devant cette lumière,
Brusque aveu d'on ne sait quel profond firmament.
Recule, épouvanté par l'éblouissement.

Le soupirail est large et la brèche est béante.
Phtos y passe son bras, puis sa tête géante ;

Il croyait, quand sur lui tout croula,

Voir l'abîme ; eh bien non ! l'abîme, le voilà.

Phtos est à la fenêtre immense du mystère .

Il voit l'autre côté monstrueux de la terre ;

L'inconnu, ce qu'aucun regard ne vit jamais ;
Des profondeurs qui sont en même temps sommets,

Un tas d'astres derrière un gouffre d'empyrées,

Un océan roulant aux plis de ses marées

Des flux et des reflux de constellations ;

Il voit les vérités qui sont les visions ;
Des flots d'azur, des flots de nuit, des flots d'aurore,

Quelque chose qui semble une croix météore,

Des étoiles après des étoiles, des feux

Après des feux, des cieux, des cieux, des deux, des cieux !

Le géant croyait tout fini ; tout recommence !

Ce qu'aucune sagesse et pas une démence,

Pas un être sauvé, pas un être puni,

ne rêverait, l'abîme absolu, l'infini. Il le voit.

C'est vivant, et son œil y pénètre.Cela ne peut mourir et cela n'a pu naître,

Cela ne peut s'accroître ou décroître en clarté.

LE COLOSSE, EN RAMPANT DANS L'OMBRE

ET SOUS LA TERRE,

ETAIT SORTI DE SA PRISON

Édition : BoD – Books on Demand, 12/14 rond-point
des Champs-Élysées, 75008 Paris
Impression : BoD - Books on Demand, Norderstedt,
Allemagne
ISBN: 9782322392537
Dépôt légal : Mars 2022